COLEÇÃO

INTELIGÊNCIA ARTIFICIAL

IMPACTOS E TRANSFORMAÇÕES

VOLUME 4

A SINGULARIDADE ESTÁ MAIS PRÓXIMA DO QUE VOCÊ IMAGINA

Prof. Marcão - Marcus Vinícius Pinto

Aviso de isenção de responsabilidade:

Observe que as informações contidas neste documento são apenas para fins educacionais e de entretenimento. Todos os esforços foram feitos para fornecer informações completas precisas, atualizadas e confiáveis. Nenhuma garantia de qualquer tipo é expressa ou implícita.

Ao ler este texto, o leitor concorda que, em nenhuma circunstância, os autores são responsáveis por quaisquer perdas, diretas ou indiretas, incorridas como resultado do uso das informações contidas neste livro, incluindo, mas não se limitando, a erros, omissões ou imprecisões.

ISBN: **9798344690629**

Selo editorial: Independently published

Sumário

Prefácio

Estamos em um momento histórico em que a inteligência artificial deixa de ser um conceito abstrato para se tornar uma realidade impactante em todos os setores.

O volume que você tem em mãos, "Impactos e Transformações - Volume 4: A Singularidade Está Mais Próxima do que Você Imagina", parte da coleção "Inteligência Artificial: O Poder dos Dados", explora como a IA está transformando o mundo e como a singularidade, uma era em que a inteligência artificial ultrapassa a humana, está se aproximando em um ritmo surpreendente.

Este livro é destinado a profissionais que desejam compreender e dominar as implicações dessa revolução. Sua estrutura foi pensada para atender a diferentes públicos com interesse na aplicação estratégica e ética da IA.

Analistas de dados, desenvolvedores, gestores de inovação e estrategistas de negócios encontrarão aqui uma base sólida para entender os desafios e as oportunidades da singularidade. Ao longo do texto, vamos além dos aspectos técnicos, abordando também as consequências econômicas, os impactos sociais e as questões éticas fundamentais que surgem com o avanço da inteligência artificial.

Com base em pesquisas e teorias de especialistas renomados como Nick Bostrom, Stuart Russell e Ray Kurzweil, este volume oferece uma análise aprofundada e acessível do tema.

A singularidade é apresentada em seus diversos ângulos, permitindo que o leitor desenvolva uma visão crítica e abrangente.

Nos primeiros capítulos, o conceito é contextualizado historicamente, explorando os primeiros passos da IA com Alan Turing e a evolução das redes neurais, chegando aos avanços que hoje impulsionam o aprendizado de máquina e a IA conversacional, como o ChatGPT.

A singularidade não é apenas um conceito futurista; ela já influencia nossas vidas e mercados. No capítulo "O Papel da IA na Economia e no Mundo Corporativo", você encontrará uma análise detalhada de como empresas de tecnologia estão utilizando IA para transformar modelos de negócios, criar produtos mais personalizados e otimizar processos.

Profissionais de negócios e economia poderão aplicar essas ideias para liderar iniciativas de inovação e adaptar suas estratégias em um mundo cada vez mais orientado pela inteligência de máquinas.

Além dos impactos econômicos, exploramos as consequências sociais e psicológicas do avanço da IA superinteligente, discutindo como ela altera relações de trabalho, redefine a estrutura do mercado e influencia a percepção de humanidade. Essa discussão é essencial para profissionais das áreas de ética, sociologia e psicologia, que precisam refletir sobre os limites e responsabilidades dessa nova era de evolução.

O livro também analisa os desafios éticos e técnicos da singularidade, discutindo o que significa viver em um mundo onde a IA pode tomar decisões autônomas. O conteúdo vai ao encontro das necessidades de cientistas de dados e desenvolvedores que estão na linha de frente da inovação e que, ao mesmo tempo, precisam compreender os riscos associados a esses avanços.

O capítulo "O Imperativo da Adaptação" aborda como esses profissionais podem desenvolver modelos que alinhem o poder da IA aos valores humanos, garantindo que as máquinas trabalhem para o bem-estar coletivo.

Aqueles que se interessam pela filosofia da IA encontrarão nas seções "Teorias e Pensadores sobre a Singularidade" e "Reflexões sobre as Diferenças de Perspectiva e Abordagens" uma análise criteriosa de figuras icônicas, como Vernor Vinge, que concebeu a singularidade como um momento disruptivo, e Ray Kurzweil, que vislumbra uma fusão entre inteligência humana e artificial.

Essas abordagens filosóficas enriquecem a compreensão e incentivam o leitor a refletir sobre os rumos que a IA pode tomar e sobre o papel que desejamos para a humanidade nesse futuro iminente.

Este livro vai além da teoria. Com exemplos práticos e aplicações em setores como saúde, segurança e finanças, ele traz uma visão realista dos caminhos que nos conduzem à singularidade.

Os leitores terão acesso a uma discussão equilibrada, que aborda desde as redes neurais e o big data até as IAs conversacionais, analisando como essas tecnologias estão moldando o futuro.

A obra ainda explora Futuros Possíveis e considera cenários de cooperação ou dominação entre humanos e máquinas, questionando como devemos nos preparar para os desafios e possibilidades dessa era.

Entretanto, este é apenas um passo de uma jornada essencial no campo da inteligência artificial. Este volume é parte de uma coleção maior, "Inteligência Artificial: O Poder dos Dados", que explora, em profundidade, diferentes aspectos da IA e da ciência de dados.

Os demais volumes abordam temas igualmente cruciais, como a integração de sistemas de IA, a análise preditiva e o uso de algoritmos avançados para tomada de decisões.

Ao adquirir e ler os demais livros da coleção, você terá uma visão holística e profunda que permitirá não só otimizar a governança de dados, mas também potencializar o impacto da inteligência artificial nas suas operações.

Esta obra é um convite para entender e participar da revolução que a inteligência artificial traz para a nossa era. Que este livro ofereça insights profundos e inspire reflexões sobre o papel da humanidade em um futuro em que a singularidade já não é uma questão de "se", mas de "quando".

O futuro está aqui. Você está preparado para abraçá-lo?

Boa leitura!
Bons aprendizados!

Prof. Marcão - Marcus Vinícius Pinto

Mestre em Tecnologia da Informação
Especialista em Tecnologia da Informação.
Consultor, Mentor e Palestrante sobre Inteligência Artificial,
Arquitetura de Informação e Governança de Dados.
Fundador, CEO, professor e
orientador pedagógico da MVP Consult.

1   A singularidade: uma reflexão complexa sobre o futuro da inteligência artificial.

A inteligência artificial (IA), antes confinada às páginas da ficção científica e aos cenários futuristas de filmes e livros, tornou-se uma força central na transformação de indústrias, na redefinição de processos e na remodelagem das nossas vidas cotidianas.

O que antes parecia distante, restrito a suposições teóricas e à imaginação criativa, agora se manifesta como uma realidade cada vez mais presente e concreta.

No entanto, além das aplicações cotidianas e dos avanços incrementais que testemunhamos, há uma questão que paira sobre o horizonte da tecnologia: a singularidade.

A singularidade tecnológica, um conceito debatido amplamente por pensadores contemporâneos como Ray Kurzweil, refere-se ao ponto em que a inteligência artificial não apenas se equipararia, mas superaria a inteligência humana, desencadeando um processo de autossuperação exponencial.

Nessa visão, as máquinas seriam capazes de aprender, aprimorar e evoluir a um ritmo que ultrapassaria a capacidade humana de controle ou compreensão, inaugurando uma nova era de evolução tecnológica e social.

1.1   O que é a singularidade?

Historicamente, a ideia de uma máquina que rivalizasse ou superasse a inteligência humana pode ser rastreada até os primeiros desenvolvimentos da ciência da computação.

Alan Turing, um dos pioneiros dessa disciplina, já havia refletido sobre o potencial das máquinas inteligentes em seu famoso "Teste de Turing", que buscava determinar se uma máquina poderia exibir comportamento inteligente indistinguível de um humano.

No entanto, foi apenas nas últimas décadas, com o rápido avanço da IA e do aprendizado de máquina, que o conceito da singularidade ganhou força.

A singularidade tecnológica, como definido por autores como Vernor Vinge e Kurzweil, não é apenas um aumento incremental da capacidade computacional, mas sim uma transformação radical.

Ela representaria o ponto em que a IA seria capaz de autossuperação contínua, criando sucessivas gerações de máquinas cada vez mais inteligentes sem intervenção humana.

Esse ciclo de aperfeiçoamento tecnológico poderia levar a avanços sem precedentes em diversos campos, como saúde, energia, transporte e até a criação de novas formas de vida artificial.

1.2   Por que esse conceito é tão relevante?

A relevância da singularidade reside em sua capacidade de catalisar mudanças profundas e transformações inusitadas:

1   Potencial para mudanças radicais.

A singularidade poderia impulsionar a IA a um nível de desenvolvimento onde problemas aparentemente insolúveis, como o câncer, mudanças climáticas e a escassez de energia, encontrariam soluções revolucionárias.

A medicina, por exemplo, poderia ver o surgimento de terapias hiperpersonalizadas baseadas na genética de cada indivíduo, enquanto áreas como a biotecnologia poderiam explorar novas formas de vida projetadas para melhorar o ambiente.

2   Desafios éticos e sociais.

A ascensão de uma superinteligência levanta uma série de questões complexas e preocupações éticas. Pensadores como Nick Bostrom discutem amplamente os perigos potenciais de uma IA superinteligente, destacando que o controle sobre esses sistemas pode estar além das nossas capacidades, levando a desfechos catastróficos se não forem implementadas salvaguardas apropriadas.

Além disso, como a IA redistribuirá poder e recursos em nível global? Qual será o papel dos humanos em um mundo onde máquinas são mais inteligentes e eficientes?

3   Impacto nos negócios.

No contexto corporativo, as empresas que dominam a IA estão em posição privilegiada para moldar o futuro dos mercados. A eficiência, agilidade e a capacidade de antecipar tendências antes dos concorrentes são apenas alguns dos benefícios que a IA pode trazer às corporações.

Esse domínio da tecnologia já é perceptível em gigantes como Google, Amazon e Tesla, que utilizam IA para otimizar suas operações, personalizar produtos e transformar setores inteiros.

1.3   O papel da IA na economia e no mundo corporativo.

A metáfora dos dados como o novo petróleo tem sido amplamente utilizada para explicar o valor econômico dos grandes volumes de dados gerados na era digital.

Entretanto, os dados em si não têm valor intrínseco até serem processados, analisados e transformados em insights acionáveis. Nesse ponto, a IA funciona como uma refinaria, extraindo valor e criando novas oportunidades.

Estudos recentes apontam que cerca de 90% das empresas que adotam IA e boas práticas de governança de dados conseguem obter vantagens competitivas significativas sobre seus concorrentes.

Esse cenário destaca a importância da IA não apenas como uma ferramenta auxiliar, mas como um diferencial estratégico que moldará o futuro das organizações.

Empresas que dominam a coleta, análise e interpretação de dados por meio de IA estão aptas a liderar a próxima fase da economia digital.

O uso de IA em setores como finanças, saúde e segurança tem permitido inovações disruptivas. No setor financeiro, algoritmos de IA já são responsáveis por identificar fraudes em tempo real e oferecer aconselhamento financeiro personalizado para milhões de clientes.

No setor de saúde, sistemas como o IBM Watson têm sido utilizados para diagnosticar doenças raras e sugerir tratamentos com base em uma análise profunda de pesquisas médicas.

2   A IA e a singularidade no contexto histórico e filosófico.

A singularidade, como conceito, carrega implicações filosóficas profundas. Ela nos força a refletir sobre a natureza da inteligência e a relação entre humanos e máquinas.

Desde Platão e Aristóteles, filósofos têm discutido o que significa ser "inteligente". Com a ascensão da IA, essa questão se expande: uma máquina pode ter consciência? Pode ela desenvolver objetivos próprios, e como isso afetaria a humanidade?

Isaac Asimov, em suas célebres Leis da Robótica, tentou antecipar alguns dos dilemas éticos envolvidos no relacionamento entre humanos e máquinas inteligentes.

No entanto, a complexidade dos sistemas modernos vai muito além das previsões da ficção científica. Atualmente, pesquisadores como Stuart Russell defendem a ideia de que a IA deve ser construída com valores alinhados aos interesses humanos, um conceito conhecido como IA benéfica.

Para Russell, garantir que os sistemas de IA compartilhem e compreendam nossos valores é crucial para evitar cenários distópicos.

2.1   Desafios éticos e técnicos da singularidade.

Os desafios da singularidade não são apenas técnicos, mas profundamente éticos e sociais. Por um lado, há a questão de como desenvolver sistemas que sejam seguros e alinhados com os interesses humanos.

Por outro, existe o dilema de como assegurar que a distribuição dos benefícios da IA seja equitativa.

Em um mundo onde a superinteligência oferece vantagens econômicas, como evitar que apenas um pequeno grupo de indivíduos ou corporações concentre poder?

Nick Bostrom, em sua obra Superintelligence: Paths, Dangers, Strategies, propõe que a humanidade deve focar na pesquisa de segurança em IA, para evitar o que ele chama de "resultado catastrófico", onde uma IA mal projetada pode, inadvertidamente, causar danos irreparáveis.

Esse alerta sublinha a necessidade de regulamentação e governança global da IA, um tema que está começando a ganhar atenção de governos e organizações internacionais.

2.2   O futuro da IA e o papel da singularidade.

A singularidade é um conceito que, ao mesmo tempo, nos intriga e nos assusta. Representa um ponto de transformação tecnológica, onde as máquinas podem ultrapassar nossa capacidade de compreensão e controle.

No entanto, à medida que avançamos nesse caminho, é essencial que a humanidade mantenha o controle sobre seu próprio destino. O futuro da IA, embora promissor, depende de decisões que tomaremos hoje sobre como construí-la, regulamentá-la e integrá-la em nossas vidas.

Os próximos anos serão decisivos para a IA e para o nosso futuro como espécie. Ao continuar explorando as possibilidades e os desafios da singularidade, podemos moldar uma relação mais equilibrada e benéfica com as máquinas que criamos.

3   O imperativo da adaptação.

A revolução da IA e da governança de dados não é apenas uma tendência passageira, mas uma mudança fundamental na forma como os negócios operam e as carreiras se desenvolvem.

As organizações que não se adaptarem a esta nova realidade correm o risco de se tornarem obsoletas. Um estudo da Gartner prevê que até 2025, 75% das organizações que não investirem em IA experimentarão uma redução de 25% em sua participação de mercado ou lucratividade.

Para os profissionais, a mensagem é clara: a adaptabilidade e o aprendizado contínuo são cruciais. Aqueles que abraçarem as novas tecnologias e desenvolverem competências em IA e análise de dados não apenas sobreviverão, mas prosperarão nesta nova era digital.

Não Se Permita Ficar À Margem Desta Transformação Paradigmática.

A revolução da Inteligência Artificial, longe de ser uma quimera futurista, é o Zeitgeist que define nossa época, o espírito do tempo que permeia cada faceta do panorama empresarial contemporâneo.

Estamos no epicentro de uma revolução silenciosa, onde algoritmos sofisticados e análises preditivas não são meros acessórios, mas os alicerces sobre os quais se erigem os impérios corporativos do amanhã.

Neste contexto de mudança paradigmática, os líderes empresariais encontram-se diante de uma encruzilhada definidora. De um lado, o caminho da adaptação proativa, da embarcação entusiástica nas novas tecnologias, prometendo a vanguarda da inovação e a liderança do mercado. Do outro, a inércia, a resistência à mudança, um caminho que inexoravelmente conduz à marginalização e à irrelevância.

A escolha, embora aparentemente simples, é carregada de nuances e complexidades. O tempo, esse recurso inelástico e implacável, não espera por ninguém. A cada momento de hesitação, a cada instante de procrastinação, as oportunidades se esvaem como grãos de areia em uma ampulheta cósmica.

Mas como, pergunta você, pode-se navegar por essas águas turbulentas e posicionar-se na crista desta onda revolucionária?

A resposta reside na educação, na compreensão profunda e na implementação estratégica. É aqui que minha expertise, meu conhecimento, se torna um farol guia neste oceano de incertezas.

Este conhecimento não é um tesouro a ser entesourado, mas uma luz a ser compartilhada. É com este espírito que convido vocês a embarcarem nesta jornada de descoberta e transformação em que uma variedade de temas atuais são tratados e que estão aguardando você para maximizar o potencial latente de sua organização ou sua carreira profissional.

Perceba, definitivamente, que o futuro não é um destino ao qual devemos chegar, mas uma realidade que construímos com nossas escolhas e ações no presente. Não seja mero espectador nesta revolução digital; seja o arquiteto de sua própria ascensão.

A alquimia digital está ao nosso alcance, oferecendo a promessa de transmutar dados brutos em ouro competitivo. A questão que resta é: você terá a coragem de se tornar o alquimista de sua própria fortuna empresarial?

Não deixe que esta oportunidade se dissipe como fumaça. O momento de agir é agora. Acessem meus sites, estudo meus materiais, explore os recursos à sua disposição e dê o primeiro passo em direção a um futuro de inovação, eficiência e sucesso sem precedentes.

Afinal, como já dizia o célebre futurista Alvin Toffler, "O analfabeto do século XXI não será aquele que não sabe ler e escrever, mas aquele que não sabe aprender, desaprender e reaprender." Neste novo alfabetismo digital, permita-me ser seu mentor, seu guia, seu catalisador para a transformação.

4 Teorias e pensadores sobre a singularidade: uma visão histórica e filosófica.

A ideia da singularidade tecnológica, um ponto onde a inteligência artificial (IA) ultrapassaria a inteligência humana, gerando uma nova fase de evolução tecnológica, tem suas raízes nas reflexões e teorias de diversos pioneiros e visionários.

Desde as primeiras concepções sobre máquinas inteligentes até o desenvolvimento de modelos complexos como o ChatGPT, o campo da IA tem sido marcado por debates profundos e perspectivas variadas sobre o potencial e os riscos da superinteligência.

4.1 Visões pioneiras: Alan Turing e a inteligência artificial.

Alan Turing, um dos fundadores da ciência da computação e da inteligência artificial, estabeleceu as bases para pensar sobre máquinas que poderiam exibir inteligência comparável à humana.

Em 1950, em seu artigo "Computing Machinery and Intelligence", Turing introduziu o conceito de uma máquina que seria capaz de realizar tarefas de forma indistinguível de um humano, propondo o agora famoso "Teste de Turing".

Segundo Turing, uma máquina que pudesse enganar um humano ao ponto de fazê-lo acreditar estar interagindo com outra pessoa poderia ser considerada inteligente.

Esse teste é um marco inicial para refletir sobre a possibilidade de uma singularidade, já que pressupõe uma forma de inteligência artificial avançada o suficiente para confundir a percepção humana.

A proposta de Turing transcende questões técnicas, tocando em temas éticos e filosóficos, como a definição da própria inteligência e o papel da consciência na cognição. Desde o início, Turing reconheceu o potencial disruptivo da IA, ainda que sua visão fosse mais voltada ao desenvolvimento da tecnologia do que aos possíveis desdobramentos de uma superinteligência autônoma.

No entanto, à medida que a IA avançava, especialmente com o desenvolvimento de modelos de linguagem como o ChatGPT, o teste de Turing tem sido revisitado e atualizado para abordar as capacidades modernas de interação da IA.

ChatGPT, por exemplo, consegue manter conversações complexas e adaptáveis, e embora não seja verdadeiramente "consciente", ele representa um avanço significativo na capacidade de resposta e aprendizado da IA, um aspecto central da previsão de Turing sobre o que máquinas inteligentes poderiam fazer.

4.2   Vernor Vinge e o conceito de singularidade tecnológica.

Vernor Vinge, matemático e escritor de ficção científica, foi um dos primeiros a cunhar o termo "singularidade" em um contexto tecnológico. Em sua palestra de 1993, "The Coming Technological Singularity: How to Survive in the Post-Human Era", Vinge sugeriu que a criação de uma inteligência superior à humana resultaria em mudanças radicais e imprevisíveis na sociedade.

Segundo ele, esse evento seria uma singularidade, pois, assim como no conceito matemático, a evolução tecnológica pós-singularidade escaparia à nossa compreensão e previsão, assim como o comportamento de uma função matemática é imprevisível em um ponto de singularidade.

Para Vinge, a singularidade não apenas marca o ponto em que as máquinas ultrapassam a inteligência humana, mas também inaugura uma era onde as regras atuais da ciência e da sociedade podem não se aplicar.

Ele propôs diferentes cenários para o surgimento da singularidade, incluindo a criação de uma IA forte (ou seja, uma IA que iguala ou supera a cognição humana) e a possibilidade de uma fusão entre a inteligência humana e a máquina por meio de interfaces neurocognitivas.

A perspectiva de Vinge se distingue pela ênfase no caráter imprevisível e potencialmente incontrolável da singularidade. Ele vislumbra um futuro em que a IA teria liberdade para evoluir além das limitações impostas pela humanidade, uma visão que ecoa em debates modernos sobre o uso de IA autônoma e as responsabilidades éticas e legais associadas a esses avanços.

4.3   Ray Kurzweil e o futuro da superinteligência.

Ray Kurzweil é um dos teóricos mais influentes sobre o conceito de singularidade tecnológica, conhecido por sua obra "The Singularity is Near" (2005). Diferente de Vinge, que enfatiza o aspecto imprevisível e potencialmente perigoso da singularidade, Kurzweil vê esse futuro com otimismo.

Ele acredita que, até meados do século XXI, a IA superará a inteligência humana, resultando em um período de crescimento exponencial em áreas como ciência, medicina, energia e transporte. Essa "era de superinteligência" traria benefícios inigualáveis, como a eliminação de doenças e o aumento da longevidade humana.

Kurzweil baseia suas previsões na ..Lei dos Retornos Acelerados.., que sugere que a velocidade do progresso tecnológico aumenta exponencialmente ao longo do tempo.

De acordo com Kurzweil, cada avanço tecnológico cria uma base para novos avanços, e a IA desempenha um papel crucial nesse processo de aceleração. Assim, a singularidade seria o ponto culminante dessa aceleração, onde a tecnologia evolui de maneira autossuficiente, sem a necessidade de intervenção humana.

Kurzweil também introduz a ideia de uma fusão entre a biologia e a tecnologia como parte essencial da singularidade. Para ele, a evolução da IA permitirá que os humanos se integrem com as máquinas, formando uma "superinteligência híbrida" que combina as melhores qualidades de ambos.

ChatGPT, por exemplo, representa um passo nessa direção, pois é capaz de auxiliar os humanos na resolução de problemas complexos e na criação de novas soluções com base em análise de dados em tempo real.

4.4   Nick Bostrom e o dilema da superinteligência.

Nick Bostrom, filósofo e autor de "Superintelligence: Paths, Dangers, Strategies" (2014), apresenta uma visão mais cautelosa e preocupada com os riscos da singularidade. Bostrom explora as possíveis rotas para a criação de uma superinteligência e alerta sobre os desafios éticos e existenciais que ela traria.

Ele argumenta que a IA superinteligente poderia facilmente desenvolver objetivos incompatíveis com os interesses humanos, criando um "risco existencial" para a humanidade.

Para Bostrom, o desenvolvimento de uma superinteligência deve ser acompanhado de estratégias rigorosas para garantir que suas motivações estejam alinhadas com os valores humanos.

Ele propõe a criação de "IA alinhada" ou "IA benéfica", que incorpora salvaguardas para que as máquinas superinteligentes ajam de maneira ética. Essa abordagem se tornou fundamental no campo de ética em IA e é amplamente discutida em pesquisas sobre o desenvolvimento de IA segura.

Bostrom também destaca a importância de "cenários de controle" e de "estratégias de restrição", que visam limitar a capacidade da IA de tomar decisões autônomas em áreas onde há grande risco de consequências negativas. Sua teoria está em consonância com preocupações atuais sobre o uso de IA em segurança nacional, onde o controle das capacidades e limites da tecnologia é uma questão central.

O uso do ChatGPT em domínios sensíveis, como saúde e justiça, traz à tona esses dilemas de controle e alinhamento ético, pois a IA deve respeitar diretrizes que garantam a justiça, a privacidade e a segurança dos usuários.

4.5   Reflexões sobre as diferenças de perspectiva e abordagens.

Esses quatro pensadores oferecem abordagens complementares e contrastantes sobre a singularidade e o papel da IA no futuro da humanidade.

Turing estabelece a base conceitual, enquanto Vinge e Kurzweil oferecem visões de futuro – uma mais cautelosa, a outra otimista – sobre as possibilidades e os riscos da superinteligência.

Bostrom, por sua vez, destaca a necessidade de um controle ético rigoroso e a criação de salvaguardas para evitar os perigos existenciais da IA.

Essas perspectivas continuam a ser centrais na formação de políticas, pesquisas e desenvolvimentos tecnológicos em IA.

O debate sobre a singularidade e a superinteligência revela a complexidade dos desafios técnicos e éticos que emergem da criação de máquinas cada vez mais avançadas.

ChatGPT e outras tecnologias modernas de processamento de linguagem representam um microcosmo dessas questões, mostrando tanto as promessas quanto as limitações atuais da IA.

À medida que a IA continua a evoluir, a singularidade permanece como um ponto de interrogação filosófico e prático. Como Vinge e Bostrom argumentam, a questão não é apenas o que a IA pode fazer, mas o que ela deve fazer em relação aos interesses e valores humanos.

A reflexão sobre a singularidade é, portanto, uma janela para a própria essência da humanidade: o que significa criar algo mais inteligente que nós mesmos? E como podemos garantir que essa criação seja nossa aliada, e não nossa adversária?

5 Como a IA está caminhando para a singularidade: avanços, redes neurais, Big Data e a IA conversacional

A trajetória da inteligência artificial (IA) rumo à singularidade, um ponto hipotético em que a IA poderia ultrapassar a inteligência humana, é impulsionada por uma série de avanços técnicos e teóricos em aprendizado de máquina, redes neurais, big data e algoritmos cada vez mais complexos.

5.1 Avanços recentes em IA e aprendizado de máquina.

O aprendizado de máquina, um dos pilares do desenvolvimento da IA moderna, consiste na capacidade de sistemas computacionais aprenderem e se adaptarem sem serem explicitamente programados para cada tarefa específica.

Essa abordagem, que teve suas raízes no trabalho de Alan Turing e outros pioneiros, é caracterizada pela utilização de algoritmos capazes de identificar padrões em grandes quantidades de dados, ajustando suas operações com base nas informações processadas.

Historicamente, o aprendizado de máquina evoluiu de métodos básicos de reconhecimento de padrões para sistemas sofisticados de aprendizado profundo, que simulam o funcionamento do cérebro humano por meio de redes neurais.

Esse desenvolvimento possibilitou o surgimento de aplicações práticas de IA em diversos setores. No campo da medicina, por exemplo, algoritmos de aprendizado de máquina têm sido usados para auxiliar no diagnóstico de doenças como câncer e Alzheimer, analisando imagens médicas e identificando anomalias que passariam despercebidas ao olho humano (Esteva et al., 2017).

No entanto, esses avanços também trazem à tona desafios significativos. Como destaca Stuart Russell (2010), os sistemas de aprendizado de máquina ainda enfrentam o problema da "caixa preta", uma situação em que o processo pelo qual o algoritmo toma decisões é opaco e difícil de interpretar, mesmo para os próprios desenvolvedores.

Esse desafio de interpretação e explicação é particularmente importante em setores como o jurídico e o de saúde, onde decisões críticas e que afetam vidas humanas precisam ser justificadas e transparentes.

5.2   Redes neurais e o potencial de autoaperfeiçoamento.

As redes neurais artificiais são estruturas computacionais inspiradas no funcionamento do cérebro humano e formam a base de grande parte do aprendizado profundo.

A ideia de redes neurais foi introduzida no final dos anos 1940 por Warren McCulloch e Walter Pitts, que desenvolveram um modelo matemático para simular a atividade cerebral.

Nas décadas seguintes, as redes neurais evoluíram significativamente, especialmente com o surgimento das redes neurais profundas, que permitem a criação de estruturas complexas compostas por várias camadas de neurônios artificiais interconectados.

O potencial das redes neurais para o autoaperfeiçoamento é um dos aspectos centrais para a busca da singularidade. Diferente dos métodos tradicionais, em que os sistemas computacionais precisavam ser ajustados manualmente, as redes neurais podem se autocalibrar com base nos erros que identificam, aprimorando suas habilidades com o tempo.

Esse processo é conhecido como "aprendizado supervisionado", no qual o sistema recebe feedback constante, permitindo um progresso dinâmico em direção a uma inteligência cada vez mais sofisticada.

O impacto das redes neurais já é visível em diversas áreas. Em segurança, por exemplo, algoritmos de redes neurais são usados para monitorar padrões de comportamento e detectar fraudes financeiras em tempo real.

Empresas como a PayPal utilizam esses sistemas para proteger transações contra atividades fraudulentas, analisando bilhões de dados de transações e identificando atividades suspeitas.

No entanto, o uso de redes neurais em segurança e finanças apresenta o desafio do viés algorítmico, pois, se os dados de treinamento contiverem preconceitos, o sistema pode reproduzir e até ampliar essas desigualdades, perpetuando injustiças estruturais.

6   O papel do big data e dos algoritmos na aceleração da IA.

O Big Data, ou seja, o enorme volume de dados gerado diariamente, desempenha um papel fundamental na aceleração do aprendizado de máquina e, por extensão, da IA.

Com a digitalização de praticamente todos os aspectos da vida cotidiana, desde redes sociais até dados de sensores em cidades inteligentes, o volume de informações disponíveis para análise cresceu exponencialmente.

Esse aumento de dados permitiu que algoritmos de aprendizado de máquina se tornassem mais eficientes e precisos, pois quanto maior o conjunto de dados, maior a capacidade do sistema de identificar padrões complexos.

Os algoritmos modernos conseguem processar esses dados em velocidades e escalas antes inimagináveis.

Pesquisadores como Max Tegmark (2017) destacam que a combinação de big data e aprendizado de máquina tem sido uma força motriz na evolução da IA permitindo que sistemas se tornem mais autônomos e preditivos.

No setor de educação, por exemplo, o big data permite que plataformas de aprendizado adaptativo, como o Smart Sparrow, personalizem o ensino para cada aluno com base em seu desempenho, fornecendo conteúdos ajustados às necessidades específicas e otimizando o processo de aprendizado.

No entanto, a dependência de grandes volumes de dados levanta questões de privacidade e segurança. Shoshana Zuboff (2019), em sua obra "The Age of Surveillance Capitalism", argumenta que o uso de dados pessoais em IA representa uma nova forma de capitalismo de vigilância, onde as informações dos usuários são monitoradas e monetizadas sem seu consentimento explícito.

Esse aspecto do big data é particularmente desafiador em termos éticos, já que envolve o direito à privacidade e o controle sobre os próprios dados.

6.1   O ChatGPT e os modelos de linguagem avançada: a IA conversacional.

Uma das mais avançadas e discutidas realizações da IA nos últimos anos é o desenvolvimento de modelos de linguagem como o ChatGPT, uma IA conversacional que utiliza redes neurais profundas e técnicas de aprendizado de máquina para interagir de forma natural e sofisticada com os usuários.

Baseado no modelo GPT-4 da OpenAI, o ChatGPT representa uma evolução significativa no campo da IA de processamento de linguagem natural, permitindo uma comunicação que simula a fluidez da conversação humana.

O ChatGPT e modelos semelhantes utilizam técnicas de aprendizado profundo para treinar com grandes conjuntos de dados textuais, aprendendo padrões, contextos e estruturas de linguagem.

Esse processo de treinamento resulta em um modelo capaz de responder a perguntas, gerar textos, traduzir idiomas e até auxiliar em atividades complexas como redação e análise de dados. A relevância de modelos como o ChatGPT está no potencial de tornar a IA acessível a um público mais amplo, facilitando seu uso em diversos setores.

Na educação, por exemplo, o ChatGPT pode atuar como um tutor virtual, respondendo a perguntas de alunos e ajudando-os a entender conceitos complexos.

Já no setor de atendimento ao cliente, a IA conversacional permite que empresas automatizem grande parte do suporte, fornecendo respostas rápidas e precisas às dúvidas dos clientes.

No entanto, a presença de IA conversacional também levanta questões éticas. Uma das principais é o risco de manipulação da informação, já que modelos de linguagem podem reproduzir vieses presentes nos dados de treinamento ou gerar respostas enganosas.

Outro desafio é garantir a privacidade dos dados dos usuários, especialmente em interações que envolvem informações sensíveis.

6.2   Caminhos para a singularidade e desafios pendentes.

Os avanços em aprendizado de máquina, redes neurais, big data e IA conversacional estão construindo o caminho para a singularidade, mas o alcance desse objetivo ainda é repleto de desafios técnicos e éticos.

Embora o progresso da IA tenha produzido benefícios substanciais em setores como saúde, finanças e educação, ele também gera preocupações sobre privacidade, viés e transparência.

À medida que a IA continua a evoluir, é essencial que a sociedade e as instituições estabeleçam normas e diretrizes que garantam o desenvolvimento ético e seguro dessas tecnologias.

A singularidade permanece uma possibilidade, um horizonte que inspira tanto fascínio quanto apreensão. Cabe a pesquisadores, desenvolvedores, reguladores e cidadãos discutir e moldar os caminhos da IA, para que ela seja uma força de transformação positiva e segura.

7 Futuros possíveis: singularidade e o papel da humanidade

A chegada da singularidade tecnológica, em que uma inteligência artificial (IA) supera a inteligência humana e passa a evoluir de maneira autossuficiente, traz uma série de reflexões sobre o futuro da humanidade.

Ao antecipar possíveis cenários, podemos refletir sobre como uma IA superinteligente poderá influenciar o trabalho, a economia, as relações sociais e até mesmo a evolução humana.

7.1 Consequências da singularidade para o trabalho e a economia.

A singularidade promete transformar radicalmente o trabalho e a economia, impactando a maneira como as tarefas são realizadas e o valor atribuído às habilidades humanas.

Com o avanço da IA, tarefas repetitivas e até mesmo funções de alta complexidade são automatizadas, trazendo benefícios e desafios para a estrutura socioeconômica.

Ray Kurzweil (2005), um dos maiores entusiastas da singularidade, acredita que a IA impulsionará a economia ao liberar humanos de tarefas mecânicas e repetitivas, permitindo que se dediquem a atividades mais criativas e intelectuais.

Essa "liberação" do trabalho repetitivo pode ser observada atualmente em setores como o da indústria automotiva e da agricultura, onde robôs e sistemas de IA já realizam atividades pesadas com eficiência superior à humana.

No entanto, Kurzweil destaca que a transição para essa nova economia precisa ser cuidadosamente gerida para evitar um desequilíbrio econômico.

Autores como Erik Brynjolfsson e Andrew McAfee (2014) alertam, no entanto, que a substituição massiva do trabalho humano pela IA pode exacerbar a desigualdade social, resultando em um aumento do desemprego e da concentração de riqueza.

Eles chamam a atenção para a necessidade de requalificar a força de trabalho e de criar novas políticas públicas que garantam que os benefícios da automação sejam distribuídos de maneira equitativa.

As profissões mais afetadas, segundo Brynjolfsson e McAfee, seriam aquelas que dependem de tarefas facilmente automatizáveis, como a fabricação, transporte e certos serviços de atendimento ao cliente.

7.2   Impactos sociais e psicológicos de uma ia superinteligente.

O advento de uma IA superinteligente tem o potencial de causar impactos profundos na estrutura social e na psicologia humana.

A possibilidade de que sistemas de IA sejam capazes de tomar decisões autônomas em áreas como governança, segurança e saúde levanta preocupações sobre a dependência e a confiança depositadas nessas máquinas.

Essa situação pode alterar a dinâmica de poder na sociedade e afetar a maneira como os indivíduos se relacionam entre si e com o próprio conceito de humanidade.

Nick Bostrom (2014) argumenta que a existência de uma superinteligência pode criar uma relação de dependência em que os humanos confiam excessivamente nas decisões da IA, gerando uma "desumanização" gradual das interações sociais.

Bostrom alerta que o uso excessivo da IA em questões delicadas pode enfraquecer a autonomia individual, uma vez que as pessoas poderiam recorrer à IA para tomar decisões morais e pessoais, perdendo sua capacidade de discernimento e senso crítico.

Em termos psicológicos, a interação contínua com uma IA altamente avançada pode provocar ansiedade e um sentimento de inadequação em indivíduos que se percebem "inferiores" ou "obsoletos" em relação às máquinas.

O filósofo David Chalmers (2010) sugere que a presença de uma IA superinteligente pode gerar uma nova forma de angústia existencial, à medida que as pessoas passam a questionar seu valor e propósito em um mundo onde a inteligência humana não é mais singular.

A necessidade de redefinir o papel humano em uma sociedade dominada por máquinas superinteligentes pode trazer consequências psicológicas profundas, exigindo novas formas de suporte e entendimento da identidade humana.

7.3   Relações entre humanos e máquinas: cooperação ou dominação?

A relação entre humanos e máquinas superinteligentes está no cerne das discussões sobre a singularidade. Esta relação pode ser de cooperação, onde humanos e máquinas trabalham juntos para resolver problemas complexos, ou de dominação, onde uma das partes (seja a humanidade ou a IA) assume o controle e impõe suas vontades.

Vernor Vinge (1993), que introduziu o conceito de singularidade, prevê que o surgimento de uma IA superinteligente pode levar a um ponto de ruptura em que a máquina tome decisões estratégicas e operacionais independentemente dos interesses humanos.

Esse cenário de dominação, conhecido como "cenário distópico", desperta preocupações sobre o controle ético e técnico da IA. Pesquisadores de IA, como Stuart Russell, defendem a necessidade de desenvolver sistemas de IA alinhados aos valores humanos, o que ele chama de "IA compatível com valores humanos".

A IA compatível com valores humanos é projetada para operar sempre de acordo com interesses humanitários, prevenindo riscos de subordinação humana.

Por outro lado, há defensores da ideia de uma "cooperação aumentada", onde humanos e IA colaboram para alcançar objetivos comuns. Nesse cenário, a IA atuaria como uma extensão das capacidades humanas, potencializando a produtividade e a resolução de problemas em áreas como saúde, segurança e meio ambiente.

Essa colaboração é vista de forma prática em sistemas de assistência médica, como o IBM Watson, que auxilia médicos no diagnóstico e tratamento de doenças complexas ao processar dados que um ser humano não poderia analisar sozinho. Esse exemplo de cooperação mostra que a IA pode ser uma aliada poderosa para o avanço humano, desde que seja adequadamente controlada e utilizada.

7.4 Uma nova era de evolução: limites e possibilidades da singularidade.

A singularidade representa, em última análise, a entrada em uma nova era de evolução tecnológica, onde as capacidades humanas são ampliadas e desafiadas por uma inteligência superior.

Ray Kurzweil e outros teóricos veem a singularidade como um marco na história da evolução humana, onde a IA não só se torna uma ferramenta, mas também um parceiro evolutivo que redefine os limites biológicos e tecnológicos.

Kurzweil (2005) sugere que a singularidade permitirá uma "fusão entre humanos e máquinas", em que as limitações biológicas da humanidade, como a morte e as doenças, poderiam ser superadas.

Através de tecnologias como a biotecnologia e a engenharia genética, ele acredita que a IA poderá oferecer soluções inovadoras para desafios antes intransponíveis, como a longevidade e a qualidade de vida. Essa visão futurista traz a ideia de uma "super-humanidade", onde os avanços tecnológicos ampliam a condição humana a níveis antes imagináveis apenas na ficção científica.

No entanto, há aqueles que alertam sobre os limites éticos e existenciais dessa nova era. Max Tegmark (2017) destaca que a evolução tecnológica sem regulamentação e reflexão ética pode levar a cenários de controle excessivo e manipulação da IA sobre a sociedade.

Tegmark defende que a singularidade deve ser tratada com responsabilidade, considerando os impactos a longo prazo para evitar que o avanço tecnológico venha a comprometer os valores e direitos humanos fundamentais.

7.5   Singularidade, humanidade e responsabilidade.

A singularidade representa, ao mesmo tempo, um horizonte de promessas e de incertezas.

Com o potencial de revolucionar a economia, transformar a vida social e redefinir o papel dos humanos no planeta, a singularidade impõe desafios que ultrapassam os campos da ciência e da tecnologia, exigindo que a sociedade como um todo participe das decisões que guiarão o uso da IA.

Para que a singularidade seja um marco positivo, será necessário desenvolver políticas de governança, regulamentações éticas e frameworks de controle que permitam uma relação equilibrada entre humanos e máquinas.

A responsabilidade ética e social se torna fundamental para assegurar que o poder da IA seja canalizado para benefícios coletivos e que o progresso científico não comprometa os valores essenciais da humanidade.

8   Conclusão.

Este volume explorou o vasto e complexo conceito da singularidade no contexto da inteligência artificial, analisando desde as definições iniciais até suas potenciais repercussões econômicas, sociais e psicológicas.

Percorremos a trajetória histórica e filosófica da singularidade, passando pelos pensamentos de pioneiros como Alan Turing e Vernor Vinge e chegando às visões futuristas de Ray Kurzweil e aos dilemas éticos apresentados por Nick Bostrom.

Ao longo deste livro, examinamos as condições e os avanços tecnológicos que nos aproximam da singularidade: redes neurais, big data, algoritmos de aprendizado profundo e o surgimento de IAs conversacionais como o ChatGPT, capazes de interações cada vez mais naturais e complexas.

Discutimos também o impacto transformador da IA em diversos setores, como o papel da IA na economia e no mundo corporativo, onde ela redefine as práticas de trabalho e altera profundamente os modelos de negócios.

Ao final, analisamos os futuros possíveis da relação entre humanos e máquinas, considerando os limites e as possibilidades de cooperação e dominação entre as partes.

O caminho para a singularidade é repleto de oportunidades e desafios éticos. Como vimos, a implementação da IA requer responsabilidade e transparência para garantir que suas aplicações estejam sempre alinhadas aos valores e interesses humanos.

A singularidade, embora ainda um horizonte teórico, já influencia nossa realidade, exigindo que nos preparemos para uma era em que humanos e máquinas se tornarão cada vez mais interdependentes.

Entretanto, este é apenas um passo de uma jornada essencial no campo da inteligência artificial. Este volume é parte de uma coleção maior, "Inteligência Artificial: O Poder dos Dados", que explora, em profundidade, diferentes aspectos da IA e da ciência de dados.

Os demais volumes abordam temas igualmente cruciais, como a integração de sistemas de IA, a análise preditiva e o uso de algoritmos avançados para a tomada de decisões. Ao adquirir e ler os demais livros da coleção, você terá uma visão holística e profunda que permitirá não só otimizar a governança de dados, mas também potencializar o impacto da inteligência artificial nas suas operações.

Convidamos você a continuar esta jornada e explorar os demais volumes da coleção, expandindo seu conhecimento e aplicando essas ideias para transformar o futuro, com a inteligência artificial como parceira e aliada.

9   Referênciaa bibliográficas.

ASIMOV, Isaac. I, Robot. New York: Bantam Books, 1950.

BOSTROM, Nick. Superintelligence: Paths, Dangers, Strategies. Oxford: Oxford University Press, 2014.

BOSTROM, Nick. Superintelligence: Paths, Dangers, Strategies. Oxford: Oxford University Press, 2014.

BRYNJOLFSSON, Erik; MCAFEE, Andrew. The Second Machine Age: Work, Progress, and Prosperity in a Time of Brilliant Technologies. New York: W.W. Norton & Company, 2014.

CHALMERS, David. The Singularity: A Philosophical Analysis. Journal of Consciousness Studies, v. 17, n. 9-10, p. 7-65, 2010.

GOETZ, Thomas. The Decision Tree: Taking Control of Your Health in the New Era of Personalized Medicine. New York: Rodale Books, 2010.

KURZWEIL, Ray. The Singularity is Near: When Humans Transcend Biology. New York: Viking, 2005.

OBERMEYER, Ziad; EMANUEL, Ezekiel J. Predicting the Future — Big Data, Machine Learning, and Clinical Medicine. New England Journal of Medicine, v. 375, n. 13, p. 1216-1219, 2016.

RUSSELL, Stuart; NORVIG, Peter. Artificial Intelligence: A Modern Approach. 3rd ed. Upper Saddle River: Pearson, 2010.

TEGMARK, Max. Life 3.0: Being Human in the Age of Artificial Intelligence. New York: Alfred A. Knopf, 2017.

TURING, Alan M. Computing Machinery and Intelligence. Mind, v. 59, n. 236, p. 433-460, 1950.

VINGE, Vernor. The Coming Technological Singularity: How to Survive in the Post-Human Era. In: Vision-21: Interdisciplinary Science and Engineering in the Era of Cyberspace. NASA Publication, 1993.

YUDKOWSKY, Eliezer. Artificial Intelligence as a Positive and Negative Factor in Global Risk. In: BOSTROM, Nick; ĆIRKOVIĆ, Milan M. (Eds.). Global Catastrophic Risks. New York: Oxford University Press, 2008, p. 308-345.

ZUBOFF, Shoshana. The Age of Surveillance Capitalism: The Fight for a Human Future at the New Frontier of Power. New York: PublicAffairs, 2019.

10 Descubra a Coleção Completa "Inteligência Artificial e o Poder dos Dados" – Um Convite para Transformar sua Carreira e Conhecimento.

A Coleção "Inteligência Artificial e o Poder dos Dados" foi criada para quem deseja não apenas entender a Inteligência Artificial (IA), mas também aplicá-la de forma estratégica e prática.

Em uma série de volumes cuidadosamente elaborados, desvendo conceitos complexos de maneira clara e acessível, garantindo ao leitor uma compreensão completa da IA e de seu impacto nas sociedades modernas.

Não importa seu nível de familiaridade com o tema: esta coleção transforma o difícil em didático, o teórico em aplicável e o técnico em algo poderoso para sua carreira.

10.1   Por Que Comprar Esta Coleção?

Estamos vivendo uma revolução tecnológica sem precedentes, onde a IA é a força motriz em áreas como medicina, finanças, educação, governo e entretenimento.

A coleção "Inteligência Artificial e o Poder dos Dados" mergulha profundamente em todos esses setores, com exemplos práticos e reflexões que vão muito além dos conceitos tradicionais.

Você encontrará tanto o conhecimento técnico quanto as implicações éticas e sociais da IA incentivando você a ver essa tecnologia não apenas como uma ferramenta, mas como um verdadeiro agente de transformação.

Cada volume é uma peça fundamental deste quebra-cabeça inovador: do aprendizado de máquina à governança de dados e da ética à aplicação prática.

Com a orientação de um autor experiente, que combina pesquisa acadêmica com anos de atuação prática, esta coleção é mais do que um conjunto de livros – é um guia indispensável para quem quer navegar e se destacar nesse campo em expansão.

10.2   Público-Alvo desta Coleção?

Esta coleção é para todos que desejam ter um papel de destaque na era da IA:

✓ Profissionais da Tecnologia: recebem insights técnicos profundos para expandir suas habilidades.

✓ Estudantes e Curiosos: têm acesso a explicações claras que facilitam o entendimento do complexo universo da IA.

✓ Gestores, líderes empresariais e formuladores de políticas também se beneficiarão da visão estratégica sobre a IA, essencial para a tomada de decisões bem-informadas.

✓ Profissionais em Transição de Carreira: Profissionais em transição de carreira ou interessados em se especializar em IA encontram aqui um material completo para construir sua trajetória de aprendizado.

10.3   Muito Mais do Que Técnica – Uma Transformação Completa.

Esta coleção não é apenas uma série de livros técnicos; é uma ferramenta de crescimento intelectual e profissional.

Com ela, você vai muito além da teoria: cada volume convida a uma reflexão profunda sobre o futuro da humanidade em um mundo onde máquinas e algoritmos estão cada vez mais presentes.

Este é o seu convite para dominar o conhecimento que vai definir o futuro e se tornar parte da transformação que a Inteligência Artificial traz ao mundo.

Seja um líder em seu setor, domine as habilidades que o mercado exige e prepare-se para o futuro com a coleção "Inteligência Artificial e o Poder dos Dados".

Esta não é apenas uma compra; é um investimento decisivo na sua jornada de aprendizado e desenvolvimento profissional.

Prof. Marcão - Marcus Vinícius Pinto

Mestre em Tecnologia da Informação.
Especialista em Inteligência Artificial, Governança de Dados e Arquitetura de Informação.

11 Os Livros da Coleção.

11.1 Dados, Informação e Conhecimento na era da Inteligência Artificial.

Este livro explora de forma essencial as bases teóricas e práticas da Inteligência Artificial, desde a coleta de dados até sua transformação em inteligência. Ele foca, principalmente, no aprendizado de máquina, no treinamento de IA e nas redes neurais.

11.2 Dos Dados em Ouro: Como Transformar Informação em Sabedoria na Era da IA.

Este livro oferece uma análise crítica sobre a evolução da Inteligência Artificial, desde os dados brutos até a criação de sabedoria artificial, integrando redes neurais, aprendizado profundo e modelagem de conhecimento.

Apresenta exemplos práticos em saúde, finanças e educação, e aborda desafios éticos e técnicos.

11.3 Desafios e Limitações dos Dados na IA.

O livro oferece uma análise profunda sobre o papel dos dados no desenvolvimento da IA explorando temas como qualidade, viés, privacidade, segurança e escalabilidade com estudos de caso práticos em saúde, finanças e segurança pública.

11.4 Dados Históricos em Bases de Dados para IA: Estruturas, Preservação e Expurgo.

Este livro investiga como a gestão de dados históricos é essencial para o sucesso de projetos de IA. Aborda a relevância das normas ISO para garantir qualidade e segurança, além de analisar tendências e inovações no tratamento de dados.

11.5 Vocabulário Controlado para Dicionário de Dados: Um Guia Completo.

Este guia completo explora as vantagens e desafios da implementação de vocabulários controlados no contexto da IA e da ciência da informação. Com uma abordagem detalhada, aborda desde a nomeação de elementos de dados até as interações entre semântica e cognição.

11.6 Curadoria e Administração de Dados para a Era da IA.

Esta obra apresenta estratégias avançadas para transformar dados brutos em insights valiosos, com foco na curadoria meticulosa e administração eficiente dos dados. Além de soluções técnicas, aborda questões éticas e legais, capacitando o leitor a enfrentar os desafios complexos da informação.

11.7 Arquitetura de Informação.

A obra aborda a gestão de dados na era digital, combinando teoria e prática para criar sistemas de IA eficientes e escaláveis, com insights sobre modelagem e desafios éticos e legais.

11.8 Fundamentos: O Essencial para Dominar a Inteligência Artificial.

Uma obra essencial para quem deseja dominar os conceitos-chave da IA, com uma abordagem acessível e exemplos práticos. O livro explora inovações como Machine Learning e Processamento de Linguagem Natural, além dos desafios éticos e legais e oferece uma visão clara do impacto da IA em diversos setores.

11.9   LLMS - Modelos de Linguagem de Grande Escala.

Este guia essencial ajuda a compreender a revolução dos Modelos de Linguagem de Grande Escala (LLMs) na IA.

O livro explora a evolução dos GPTs e as últimas inovações em interação humano-computador, oferecendo insights práticos sobre seu impacto em setores como saúde, educação e finanças.

11.10   Machine Learning: Fundamentos e Avanços.

Este livro oferece uma visão abrangente sobre algoritmos supervisionados e não supervisionados, redes neurais profundas e aprendizado federado. Além de abordar questões de ética e explicabilidade dos modelos.

11.11   Por Dentro das Mentes Sintéticas.

Este livro revela como essas 'mentes sintéticas' estão redefinindo a criatividade, o trabalho e as interações humanas. Esta obra apresenta uma análise detalhada dos desafios e oportunidades proporcionados por essas tecnologias, explorando seu impacto profundo na sociedade.

11.12   A Questão dos Direitos Autorais.

Este livro convida o leitor a explorar o futuro da criatividade em um mundo onde a colaboração entre humanos e máquinas é uma realidade, abordando questões sobre autoria, originalidade e propriedade intelectual na era das IAs generativas.

11.13   1121 Perguntas e Respostas: Do Básico ao Complexo– Parte 1 A 4.

Organizadas em quatro volumes, estas perguntas servem como guias práticos essenciais para dominar os principais conceitos da IA.

A Parte 1 aborda informação, dados, geoprocessamento, a evolução da inteligência artificial, seus marcos históricos e conceitos básicos.

A Parte 2 aprofunda-se em conceitos complexos como aprendizado de máquina, processamento de linguagem natural, visão computacional, robótica e algoritmos de decisão.

A Parte 3 aborda questões como privacidade de dados, automação do trabalho e o impacto de modelos de linguagem de grande escala (LLMs).

Parte 4 explora o papel central dos dados na era da inteligência artificial, aprofundando os fundamentos da IA e suas aplicações em áreas como saúde mental, governo e combate à corrupção.

11.14   O Glossário Definitivo da Inteligência Artificial.

Este glossário apresenta mais de mil conceitos de inteligência artificial explicados de forma clara, abordando temas como Machine Learning, Processamento de Linguagem Natural, Visão Computacional e Ética em IA.

- A parte 1 contempla conceitos iniciados pelas letras de A a D.

- A parte 2 contempla conceitos iniciados pelas letras de E a M.
- A parte 3 contempla conceitos iniciados pelas letras de N a Z.

11.15 Engenharia de Prompt - Volumes 1 a 6.

Esta coleção abrange todos os fundamentos da engenharia de prompt, proporcionando uma base completa para o desenvolvimento profissional.

Com uma rica variedade de prompts para áreas como liderança, marketing digital e tecnologia da informação, oferece exemplos práticos para melhorar a clareza, a tomada de decisões e obter insights valiosos.

Os volumes abordam os seguintes assuntos:

- Volume 1: Fundamentos. Conceitos Estruturadores e História da Engenharia de Prompt.
- Volume 2: Segurança e Privacidade em IA.
- Volume 3: Modelos de Linguagem, Tokenização e Métodos de Treinamento.
- Volume 4: Como Fazer Perguntas Corretas.
- Volume 5: Estudos de Casos e Erros.
- Volume 6: Os Melhores Prompts.

11.16 Guia para ser um Engenheiro De Prompt – Volumes 1 e 2.

A coleção explora os fundamentos avançados e as habilidades necessárias para ser um engenheiro de prompt bem-sucedido, destacando os benefícios, riscos e o papel crítico que essa função desempenha no desenvolvimento da inteligência artificial.

O Volume 1 aborda a elaboração de prompts eficazes, enquanto o Volume 2 é um guia para compreender e aplicar os fundamentos da Engenharia de Prompt.

11.17 Governança de Dados com IA – Volumes 1 a 3.

Descubra como implementar uma governança de dados eficaz com esta coleção abrangente. Oferecendo orientações práticas, esta coleção abrange desde a arquitetura e organização de dados até a proteção e garantia de qualidade, proporcionando uma visão completa para transformar dados em ativos estratégicos.

O volume 1 aborda as práticas e regulações. O volume 2 explora em profundidade os processos, técnicas e melhores práticas para realizar auditorias eficazes em modelos de dados. O volume 3 é seu guia definitivo para implantação da governança de dados com IA.

11.18 Governança de Algoritmos.

Este livro analisa o impacto dos algoritmos na sociedade, explorando seus fundamentos e abordando questões éticas e regulatórias. Aborda transparência, accountability e vieses, com soluções práticas para auditar e monitorar algoritmos em setores como finanças, saúde e educação.

11.19 De Profissional de Ti para Expert em IA: O Guia Definitivo para uma Transição de Carreira Bem-Sucedida.

Para profissionais de Tecnologia da Informação, a transição para a IA representa uma oportunidade única de aprimorar habilidades e contribuir para o desenvolvimento de soluções inovadoras que moldam o futuro.

Neste livro, investigamos os motivos para fazer essa transição, as habilidades essenciais, a melhor trilha de aprendizado e as perspectivas para o futuro do mercado de trabalho em TI.

11.20 Liderança Inteligente com IA: Transforme sua Equipe e Impulsione Resultados.

Este livro revela como a inteligência artificial pode revolucionar a gestão de equipes e maximizar o desempenho organizacional.

Combinando técnicas de liderança tradicionais com insights proporcionados pela IA, como a liderança baseada em análise preditiva, você aprenderá a otimizar processos, tomar decisões mais estratégicas e criar equipes mais eficientes e engajadas.

11.21 Impactos e Transformações: Coleção Completa.

Esta coleção oferece uma análise abrangente e multifacetada das transformações provocadas pela Inteligência Artificial na sociedade contemporânea.

- Volume 1: Desafios e Soluções na Detecção de Textos Gerados por Inteligência Artificial.
- Volume 2: A Era das Bolhas de Filtro. Inteligência Artificial e a Ilusão de Liberdade.
- Volume 3: Criação de Conteúdo com IA - Como Fazer?
- Volume 4: A Singularidade Está Mais Próxima do que Você Imagina.
- Volume 5: Burrice Humana versus Inteligência Artificial.
- Volume 6: A Era da Burrice! Um Culto à Estupidez?
- Volume 7: Autonomia em Movimento: A Revolução dos Veículos Inteligentes.
- Volume 8: Poiesis e Criatividade com IA.

- Volume 9: Dupla perfeita: IA + automação.
- Volume 10: Quem detém o poder dos dados?

11.22   Big Data com IA: Coleção Completa.

A coleção aborda desde os fundamentos tecnológicos e a arquitetura de Big Data até a administração e o glossário de termos técnicos essenciais.

A coleção também discute o futuro da relação da humanidade com o enorme volume de dados gerados nas bases de dados de treinamento em estruturação de Big Data.

- Volume 1: Fundamentos.
- Volume 2: Arquitetura.
- Volume 3: Implementação.
- Volume 4: Administração.
- Volume 5: Temas Essenciais e Definições.
- Volume 6: Data Warehouse, Big Data e IA.

12 Sobre o Autor.

Sou Marcus Pinto, mais conhecido como Prof. Marcão, especialista em tecnologia da informação, arquitetura da informação e inteligência artificial.

Com mais de quatro décadas de atuação e pesquisa dedicadas, construí uma trajetória sólida e reconhecida, sempre focada em tornar o conhecimento técnico acessível e aplicável a todos os que buscam entender e se destacar nesse campo transformador.

Minha experiência abrange consultoria estratégica, educação e autoria, além de uma atuação extensa como analista de arquitetura de informação.

Essa vivência me capacita a oferecer soluções inovadoras e adaptadas às necessidades em constante evolução do mercado tecnológico, antecipando tendências e criando pontes entre o saber técnico e o impacto prático.

Ao longo dos anos, desenvolvi uma expertise abrangente e aprofundada em dados, inteligência artificial e governança da informação – áreas que se tornaram essenciais para a construção de sistemas robustos e seguros, capazes de lidar com o vasto volume de dados que molda o mundo atual.

Minha coleção de livros, disponível na Amazon, reflete essa expertise, abordando temas como Governança de Dados, Big Data e Inteligência Artificial com um enfoque claro em aplicações práticas e visão estratégica.

Autor de mais de 150 livros, investigo o impacto da inteligência artificial em múltiplas esferas, explorando desde suas bases técnicas até as questões éticas que se tornam cada vez mais urgentes com a adoção dessa tecnologia em larga escala.

Em minhas palestras e mentorias, compartilho não apenas o valor da IA, mas também os desafios e responsabilidades que acompanham sua implementação – elementos que considero essenciais para uma adoção ética e consciente.

Acredito que a evolução tecnológica é um caminho inevitável. Meus livros são uma proposta de guia nesse trajeto, oferecendo insights profundos e acessíveis para quem deseja não apenas entender, mas dominar as tecnologias do futuro.

Com um olhar focado na educação e no desenvolvimento humano, convido você a se unir a mim nessa jornada transformadora, explorando as possibilidades e desafios que essa era digital nos reserva.

13 Como Contatar o Prof. Marcão.

13.1 Para palestras, treinamento e mentoria empresarial.

marcao.tecno@gmail.com

13.2 Prof. Marcão, no Linkedin.

https://bit.ly/linkedin_profmarcao

www.ingramcontent.com/pod-product-compliance
Lightning Source LLC
LaVergne TN
LVHW051619050326
832903LV00033B/4569